삶, 그 쉼표

경남시인선 239

삶, 그 쉼표

정현대 제4시조집

도서
출판 경남

시인의 말

시조집을 낸 지도 오래되었습니다.

그동안 정리해 둔 작품들을 놓고 고민하다가 10년의 공백기가 있었으니 두려운 마음으로 감히 내 놓습니다.

시조를 우리 일상생활에 배어 숨 쉬는 문학으로 만들고 싶습니다.

지금 우리의 바쁜 삶에 쉼표를 찍어가며 살아가는 모습을 그려가는 즐거운 꿈을 꿉니다.

2025. 3.
저자 드림

| 차례

시인의 말 • 5
후기 • 142
약력 • 143

제1부 삶의 무늬들

까치까치 설날에	16
기쁨과 보람의 날	17
봄의 서정	18
정월대보름날 아침	19
노老부부	20
계명성鷄鳴聲	21
폭염	22
지진地塵	23
석불石佛의 미소	24
곡우穀雨 무렵	25
색안경	26
로봇의 윤리	27
파워라인Power Line	28
패션쇼	29
백수의 일상	30

동네 구경	31
자주 말하면	32
추석秋夕	33
반성 장날	34
어린이 놀이터	35
헛제삿밥	36
아가야	37
빗살무늬 토기	38
오후	39
코로나, 코로나	40
물안개	41
고향 생각	42
새벽의 합창	44
은행잎	45
추돌追突	46

제2부 살며 살아가며

소망	48
새해 첫날에	49
새해 첫눈	50
입춘立春	51
봄이 오는 길목	52
3월의 바람	53
웃음	54
6월, 그 여름의 시작	55
작은 마음	56
역설	57
이카로스의 추락	58
인간관계론人間關係論	59
철탑	60
국밥집에서	61
기차를 타고	62

염원	63
숲에서	64
시내버스 안에서	65
옥玉	66
날씨는 흐려도	67
지금	68
살아가는 의미	69
낙엽	70
한로寒露	71
그릇	72
출렁다리	73
징검다리	74
기다리는 것들	75
마스크	76
거울 앞에서	77

제3부 아름답게 피는 꽃

동백꽃	80
가좌산 낙엽	81
장미축제	82
붓꽃	83
밤나무꽃	84
때죽나무 꽃	85
백일홍	86
석류	87
목련나무, 가을	88
클로버 잎	89
하늘 도화지	90
장미꽃·1	91
장미꽃·2	92
구절초	93
국화를 그리워하며	94

그림 속의 해바라기	95
은행나무	96
연꽃	97
깨꽃	98
찔레꽃 향기	99
등나무 사계四季	100
꽃길	102
벚꽃, 그 쉼표	103
눈꽃 단상	104
야생화	105
갈대·1	106
갈대·2	107
청록산수靑綠山水	108
담쟁이	109
수초水草	110

제4부 강과 산이 손잡고

강변 풍경	112
아침, 오월의 강가에서	113
6월의 모습	114
홍수洪水	115
폭포	116
용소龍沼	117
탁류濁流	118
가을의 아침	119
늦가을 판문천	120
남강南江에서	121
진양호 습지공원	122
진양호	123
산행山行·1	124
산행山行·2	125
혼돈	126

황매산을 오르며	127
봉명산鳳鳴山	128
회식會食	129
마음의 거울	130
안개	131
인연	132
칠봉산 앞에서	133
향적봉	134
노고단老姑壇	135
보리암菩提庵	136
파도	137
오동도	138
여행	139
여름 야화夜話	140
아름다운 세상	141

제1부

삶의 무늬들

까치까치 설날에

옹기종기 모여 앉아 마음을 나누는 날
따뜻하고 넉넉하고 풍요로운 이날에
설레는 가슴을 안고
찾아가는
고향 집

어둔 마음 비운 뒤 새로운 삶 여는 날
올해도 소망을 채우는 날 신나는 날
모든 것
다시 시작할
희망이 빛나는 날

기쁨과 보람의 날

새봄의 기운 찾아 좋은 날을 잡았지
헌헌장부 우리 아들 짝이 된 서울 아가씨
서로가
마음을 합쳐
새로운 삶 시작한 날

아직은 겨울이라 찬 바람 부는 서울
따뜻한 시간들이 가슴마다 피어나서
축하에
사랑을 심는
너희들은 우리 희망

진주와 서울에서 30년을 기다렸다
인연의 아름다움 이제야 만났으니
아들 딸
골고루 낳고
백년해로 하여라

봄의 서정

봄날 오후 강가를 걸어간다, 혼자서
햇살이 따사로운 시간은 여유롭고
강물은
찰싹거리며
산기슭을 핥고 있다

대나무 소나무 푸른 잎이 더 푸르다
수양버들 가지마다 연녹색 싹이 트고
별들이 지구로 왔나 봄까치꽃 무더기들

강태공 몇몇이 세월을 낚고 있나
코로나가 덮친 일월 낚싯줄에 걸려 있고
새봄에
새 희망 모아
개나리가 노랗다

정월대보름날 아침

아파트 옆집 사는 인정 많은 이웃사촌
이른 아침 정갈하게 밥하고 나물 무쳐
향기에
정을 담아서
출입문을 두드린다

어릴 때 부모님과 둘러 앉아 먹던 그날
내 더위 네 더위 팔아먹던 그 풍속
가난한
그 시절에도
서로서로 웃었지

집집마다 다니며 팥밥을 모았었지
바로 옆집 순이 누나 복조리에 밥을 가득
정겨운
그날은 이제
다시 오기 어렵겠지

노老부부

할아버지 앞서고 할머니 뒤에 온다
한쪽 다리 불편하여 겨우 걷는 모습 보며
행여나 자빠질까 봐 흔들리는 눈동자

지금까지 걸어와서 앞으로도 걸어갈 길
부창부수 옛말이나 그 마음 변치 않아
흰머리 날리면서도 뜨거운 사랑이라

길가에 핀 작은 풀꽃 해맑게 웃어주고
강물은 소리 내어 노래하며 여울질 때
애틋한 평생의 반려 바람까지 살랑대

계명성 鷄鳴聲
―새벽 첫닭 우는 소리

창밖은 아직 어둠 시각 가늠 어려운데
신새벽 닭 울음소리 여명을 불러와서
장막을
걷어 치우며
새날을 열고 있다

동녘 불그스름하게 일출을 예고할 때
꼬끼오~ 한소리로 세상을 밝히고자
오늘도
신명을 바쳐
목청을 뽑고 있다

벼슬도 찬연하다 우뚝한 면류관
당당한 걸음걸이 사방을 압도하여
세상을
깨우는 소리에
옷깃을 여민다

폭염

석 달 열흘 백일홍 해를 보고 붉게 필 때
매미도 지친 듯 울음소리 잦아든다
그래도
벼 이삭 들판
풍년을 기약하고

짙푸른 녹음 사이 홍일점 석류꽃이
장독대 두른 화단에 환한 등을 단다
한 줄기
시원한 소식
대숲에 이는 바람

흐르는 땀줄기 등골 타고 내려올 때
푸른 하늘 흰 구름 무심히 떠 있다
책 들고
평상에 앉으니
눈앞에 가을 풍경

지진地塵

하늘이 분노했나
땅이 몹시 화났나

갑자기 흔들리자
크게 놀란 지구인들

삼가고
또 삼가자
지금은 살얼음판

석불石佛의 미소
—경주 남산

풍우 속 천년 세월
언제나 한결같이
자비로운 모습으로
인간사 굽어본다
미소는
속세를 깨워
하늘문을 열게 하고

질긴 인연의 나날
안으로 다스린 온기
솔빛 푸른 하늘 아래
동해를 바라본다
삼생三生을
다 비추면서
다독이는 중생의 삶

곡우穀雨 무렵

봄의 마지막 절기 봄비가 내립니다
땅을 기름지게 백곡이 풍성하게
농번기
시작되는 날
올해도 풍년 예감

이제 곧 떠날 봄을 아쉬워하며
비 머금은 땅에 볍씨를 담그듯이
우리들
가슴가슴에
희망의 씨 심는다

만물에 물오르니 시야가 맑게 갠다
한켠에 멍을 쌓던 지난날 던져두고
농자農耂는
천하지대본天下之大本
두 손을 모읍니다

색안경

가끔은 색안경을 쓰고 살 일이다
너무 가까이서 세밀히 보지 않고
온기를
잃지 않는 사이
딱 그만큼 거리에서

기쁘거나 노엽고 슬프거나 즐거워도
착하거나 악하고 아름답고 추해도
사랑은
모자라거나
넘치지도 않도록

로봇의 윤리

언제나
인간을 해치지 않아야!

언제나
인간의 명령에 복종해야!

<u>스스로</u>
보호할 권리는
마지막 보루로.

파워라인 Power Line

마음을 두드리는
한마디 말 한마디

한 사람의 생각과
마음을 바꾸어
행동을 변화시키는
기억은 오래가고

시대를 뛰어넘어
지금까지 변함없는

사랑을 받고 있는
영화와 소설에도
영감을 불러일으키는
속삭이는 밀어들

패션쇼

위성TV에서 눈 크게 뜨고 보았어
서구 여인들의 반라의 향연을
인도의
향불이 타는
그것도 불전에서

늘씬한 미녀들의 현란한 동작 보소
수많은 시선들이 몸매와 옷맵시를
원초의 꿈틀거림으로 이리 보고 저리 보고

모델들의 혼신 연기 관객들의 시선 집중
사원의 기도는 별빛 속에 스며들 때
속세의
야단법석에
미소 짓는 부처님

백수의 일상

바람에 떨어지는 나뭇잎을 볼 때마다
길가에 피어 있는 작은 꽃을 볼 때마다
모두가
소중하구나
볼 수 있는 것만으로

문을 닫으면 맘에 드는 책을 읽고
문을 열면 맘에 드는 손님 맞고
그러다
문을 나서면
맘에 드는 경치 찾기

동네 구경

산 아래 옹기종기 정답게 자리잡은
판문동 마을은 시골 냄새 물씬 난다
텃밭엔 가지, 고추, 파, 호박까지 자라고

덩치 큰 아파트와 키 낮은 단독주택
군데군데 경로당 골골대는 노인들
어린이 놀이터에는 고추잠자리 한두 마리

도심을 벗어나는 도로는 사통팔달
너우니 넘쳐 났던 물난리는 옛 추억
파랗게 높아만 가는 가을 하늘 저 하늘

자주 말하면

힘들다 힘들다 하면
더 힘들어지고

안된다 안된다 하면
될 일도 안 되고

어렵다
어렵다 하면
더욱더 어려워져

죽겠다 죽겠다 하면
고통이 생겨나고

잘된다 잘된다 하면
모두가 잘되고

행복을
자주 말하면
행복이 찾아온다

추석秋夕

청명한 하늘 아래 투명한 바람 소리
수채화 그린 산에 휘영청 보름달
따뜻한
가족의 품이
넉넉하다 한가위

올망졸망 형제자매 부대끼며 살아갈 때
어느 것 한 가지라도 모자라고 또 모자라
어머니
아리고 쓰린
그 마음을 알았을까

어버이 슬하에서 철없던 어린 시절
어려운 살림살이 얼마나 애탔을까
나 또한
아버지 되니
부모 마음 알겠다

반성 장날

반성면班城面 소재지 오일장이 서는 날
가근방 사람들이 시끌벅쩍 시장통
아직도 숨 쉬고 있다 토속의 정겨움이

채소며 과일이며 생선이며 육고기가
저마다 좌판에서 아우성을 치고 있다
넉넉한 시골 인심을 모두에게 보여주며

돼지국밥 한 그릇과 생탁주 한 사발로
이야기 끝이 없다 오순도순 둘러앉아
생생한 삶의 모습들 사투리도 정겹다

어린이 놀이터

비 온 뒤 놀이터는 깨끗하고 싱싱한데
어린 남매 아빠 따라 즐거운 시간이다
높고도 푸른 하늘에
웃음소리
가득하고

그네 시이소오 사다리 미끄럼틀
아이들은 너무 높고 아빠는 너무 낮다
눈높이 맞추느라고
모두가
땀이 뻘뻘

조금 떨어져서 바라보는 엄마 얼굴
입가에 번지는 미소가 아름답다
주위의 푸른 나무들도
손뼉 치며
같이 놀고

헛제삿밥

쓸데없는, 보람이나 실속 없는 말
"헛"
허탈과 덧없음이 반복되는 일상 속에

진주의
헛제삿밥은
조촐하고 담백한 맛

아가야

1. 태어난 밝은 세상 온몸으로 나타낸다
   앙증맞은 눈 코 입 귀 너무나 귀여운데
   온 가족 사랑을 차지 우리 집의 빛이다
2. 첫걸음 걸을 때는 옆에서 조마조마
   입에서 엄마 아빠 음악처럼 들릴 때
   세상은 즐거움 가득 우리 집의 희망이다
3. 하얀 이 두 개가 처음으로 보인 날
   모두가 신기하다 한 번씩 만져 본다
   하하하 웃음꽃 되는 우리 집의 새 기운
4. 아롱다롱 꽃밭에 파아란 새싹처럼
   졸졸졸 시냇물이 노래하며 흐르듯
   재롱은 끝이 없구나 나날이 다르구나
5. "한머니!" "하아버지!" 서투른 부름에도
   화들짝 놀라면서 반갑게 응대한다
   우주는 너의 품이다 건강하게 자라라

빗살무늬 토기

수천 년 세월이
숨 쉬는 소리 있어

가만히 들여다보니
텅 빈 항아리 속

빗살이
무늬를 주며
시공을 담고 있었다

오후

아늑한 산자락에 그림 같은 시골 학교

통학버스에 아이들 다 실려 가고
바람이 운동장에서 나뭇잎과 논다
하늘은 높고 푸르기만 한데
오늘 또 하루 함께한 시간의 아쉬움
어느 교실엔가
피아노 건반을 두드리는 손길
가을의 낙엽처럼 흩날리는 악보

갑자기
그리워지며
떠오르는 얼굴, 얼굴

코로나, 코로나

마스크 낀 채로
눈만 내어 놓고 있다

누군가 기침하면
레이저 시선 날아갈 때

입마개
안 한 사람은
사람대접 못 받고

하늘은 맑고 푸른데 세상은 적막하다
만나는 인간군상 서로가 경계할 때

따뜻한
말 한마디가
그대로 힘이 된다

물안개

신열로 아픈 밤에 온몸을 뒤척이다
새벽부터 하아얗게 토해내는 한숨인가
그래도
강물은 흘러
내일을 기약하고

산다는 건 슬픔을 견뎌 꼭꼭 밥을 먹는 일
밥 힘으로 보란 듯이 자꾸 꽃을 피우는 일
강가의 소슬바람도
가을볕을
쬐는 시간

고향 생각
— 내 고향 들원당

자나 깨나 내 고향 그립고 그립다

  대한민국 경상남도 진양군 수곡면 원외리 323번지
지금은 진주시로 통합되었고, 너른 들에 덕천강은
오늘도 흐르고 정든 곳 정든 사연 찾아가고 싶구나. 살
때꺼리 섬몰 수투메기 오룡동쏘 흰더밑에 섬뜰 화탄보 민
드래 덕천교, 안 원당
  서촌 서지골 고역 고이재 대평 본촌 광명원 신촌 톡골
칠성들 줄배옷땀 중갓땀 아랫땀 샛강 원당국민학교 운동
회 매구 달집짓기
  줄 댕기기 수박서리 닭서리 돼지오줌보뽈짜기 제사비빔
밥 진서중학교 대숲 솔숲 배설 또랑물 물지게 더무 모래밭
땡비 검정고무신 노랑고무신 연날리기 자치기 못치기 딱
지치기 구슬치기 땅따먹기
  상곶 제릅벗기기 늑대쫓기 새마을운동 미꾸라지 잡기
돼지고기비계 고추전 숨바꼭질 줄넘기 제기차기 앞집순이
외갓집 앞에 할머니 정동어른 개구쟁이 친구들 가마니틀
새끼꼬기 리어카 벼베기 보리베기

타작 홀개 초가지붕 신건짐치 헤엄치기 보메우기 잡초 뽑기 산나무하기 벌초 성묘 아버지 호령 새막 새치기 지름길 동실 외딴집 사나운 개 손님 청하기 심부름 자전거 배우기 형님 생각 아버지 밤마중 책 읽다가 잠든 밤 마을 어른들, 선배님들, 교과서 공책 연필 전과지도서 문제집 일기장 글짓기 독후감 벌서기 국민학교 은사님들

앞산의 소나무 숲은 언제나 푸르리라

새벽의 합창

귀뚜라미 귀뚤귀뚤 가을이 깊어 가고
왝-왝-왜가리는 물가에서 혼자 노래
꼬끼오 꼬꼬댁 꼬꼬 새벽을 부르는 장닭

강물은 흐르면서 세월을 노래하고
물고기 떼 유유히 헤엄치는 물속에
수초는 음표가 되어 이리저리 춤춘다

신선한 바람이 옷깃을 여미게 할 때
태양은 동녘에서 불쑥 떠오르고
눈부신 세상에서 나는 합창 소리 드높다

은행잎

소슬한 가을바람에 눈물처럼 나부낀다
먼 산 어디메쯤 갈대숲이 서걱일 때
잎새에
스미는 추억
책갈피를 적시고

파아란 하늘 아래 천사들의 하강인가
지천으로 흩날리는 노란 나비의 군무
계절의
수레바퀴는
연륜을 쌓아가고

어머니 곁을 떠나려는 철부지 아이들
안타까운 이별의 처절한 몸부림
머얼리
서쪽 하늘에
낮달이 기운다

추돌追突

경남 북부 거창은 그냥 거창이 아니었다
바래기재 내리막길 내 생에 첫 추돌
혹독한 신고였으나
다친 사람 없었으니

꽃샘바람 섞이어 흰 눈이 흩날리던 아침
설경에 취했던 눈이 순식간에 아연실색
핸들은 나의 손에서
이미 벗어나 있었지

찌그러진 차를 보며 망연자실 한마당
인생도 어쩌면 한 치 앞을 못 보고
질주에 질주를 거듭
허겁지겁 사는 걸까?

무식한 사람이 더 용감하다 하더니만
첫 경험 낭자한 피 예상치 못했던가
일상의 바쁜 시간 속
브레이크가 필요해

제 2 부

살며 살아가며

소망

뜨거운 약속으로 다가온 새해 첫날
흰 눈 속에 숨어 있는 단호한 추위의 힘
내 앞에
나타날 세상
피어나는 호기심

봄처럼 파릇하고 여름처럼 뜨겁게
가을처럼 넉넉하고 겨울처럼 예리하게
사계절
돌고 돌아도
변치 않는 인연들

새해 첫날에

동녘이 밝아 온다
희망이 샘솟는다

시뻘건 태양은 내일을 기약하고

어둠을
몰아내면서
풍요를 노래하네

지난 세월 시시비비
한순간에 살라 먹고

힘차게 나아가자 환희의 춤을 추며

사랑이
살아 숨 쉬는
새 세상 들판으로

새해 첫눈

남도에 귀한 눈이 몇 년 만에 찾아왔다
하늘의 축복 속에 흰옷으로 입은 대지
새봄을 잉태하면서
조심조심 발걸음

세상의 온갖 슬픔 모두 덮어 가려주고
세상의 온갖 기쁨 모두 펴서 나타내며
희망을 노래하면서
하늘이 밝아 온다

입춘立春

찬 바람 날 세울 때 마음속에 봄을 세워
이제는 꽃밭을 일궈 새봄을 준비할까
겨우내
움츠리다 만
손발을 부비면서

옷깃을 여미고 반짝이는 햇살을 본다
여러 빛깔 문양으로 떠오르는 삶의 모습
청매화
은은한 향기
바람 타고 다가오고

봄이 오는 길목

볼거리가 많아서 봄이라 한다지만
남도의 봄날은 오감五感으로 다가온다
산야에
수채화 한 폭
마음까지 물들이며

살랑대는 바람 따라 햇살은 보드랍고
새싹 새순 연한 향기 코끝이 싱그럽다
길가에
연둣빛 노래
감미로운 속삭임

3월의 바람

어둠 속 빛을 찾아 바람이 불어온다
그 깊은 땅속에서
이글대는 붉은 지열
새 움을
싹 틔워 내는
생명의 땅 깨우며

찬 하늘 쓰다듬은 바람이 불어온다
빈 가지 껍질 뚫고
솟아나는 푸른 목숨
세상에
내미는 얼굴
부드럽게 만지며

실핏줄 떨게 하는 바람이 불어온다
마디 굵은 손끝까지
더운 피 돌게 하며
영혼을
흔들어 깨워
고운 꿈 다시 찾는

웃 음

아침 웃음 그날의 건강을 부릅니다
저녁 웃음 그날의 피로를 없앱니다
오늘의
밝은 웃음은
평생 동안 보약입니다

웃을 수 있는 것은 희망이 있기 때문
함께 숨 쉬는 사람들이 있기 때문
계절에
관계도 없이
피는 꽃은 웃음꽃

6월, 그 여름의 시작

눈부신 태양이 넘실대는 여름이다
가슴을 활짝 펴고 밖으로 뛰어나가
건강한 몸과 마음을
뽐내 보자 마음껏

푸른 바다 내음 밀려오는 계절이다
언제나 꿈꿔왔던 나만의 이야기를
고독한 열정 속에서
신록처럼 펼치고

제 모습 제 빛깔로 제 향기 내뿜으며
한켜 한켜 늘어나는 사랑의 나이테는
초여름 햇살 아래서
타오르고 있구나

작은 마음

고마울 때 고맙다고
사랑할 때 사랑한다고

이야기하는 것은
따뜻한 마음입니다

때늦은
후회를 하며
가슴을 치지 않는

역 설

주차금지 팻말 앞에
버젓이 차 세우고

쓰레기 투기 금지
문패도 부질없다

차라리 "알아서 해라"
그 문구 적당하고

경작금지 경고판 앞
작은 텃밭 일구었다

너도나도 따라하는
이웃이 늘어났고

지나는 사람들마다
혀를 찬다. 끌끌끌

이카로스의 추락
―Pieter Brueghel의 그림을 보고

주인공은 추락해 사경을 헤매는데
농부는 소를 몰고 양치기는 자기 일만
일상은
혼란도 없이
그럭저럭 흘러간다

삶은 언제나 선택의 연속이고
선택의 결과는 다양하게 나타난다
물기를
툭툭 털고서
마음 한번 추스르자

또 다른 기회가 기다리고 있는 세상
자신만의 삶과 운명 그대로 받아들여
적절한
순간순간에
힘을 빼야 하는 것

인간관계론 人間關係論

음침해서 말을 잘하지 않는 사람에겐
자기의 속마음을 털어놓지 말 것이며
가만히
입을 다물고
상대를 말아야지

발끈해서 성을 잘 내는 사람이
여러 사람 앞에서 잘난 척하거든
가만히
바라보지만
비웃지는 말아야지

여우는 사람으로 둔갑하여 홀리고
너구리는 학자로 가장하여 떠드니
뉘 알까
저 짐승들의
현란한 변신술을

철 탑

능선은 무엇을 찾아
저리도 헤매는가?
하늘 향해 펄럭이는
저 의지의 깃발을 보라

바람에 부대끼면서도
의연하다 저 모습

자욱한 아침 안개는
남강 위를 흐를 때

망진산 높은 봉은
하늘 문에 닿았는데

탑신에 휘감겨 도는
구름은 은빛이다

국밥집에서

차가운 눈보라 속 걸어온 사람들이
활활 타는 모닥불이 가장 그리운 듯
뚝배기
한 그릇 보며
마음부터 뜨겁고

우아함과 안 어울려도 사람 냄새 물씬 나는
머리가 아니라 가슴으로 먹는 국밥
그 훈김
삶의 지혜는
누추함서 시작이고

기차를 타고

역이 있고 철로가 있고 간혹 사고도 난다
이 기차표 끊어주신 우리들의 부모님
이제는
우리만 남고
홀연히 가셨으니

형제 자매 자녀 친구 만나는 사람마다
여행 중에 하차하여 공허함을 느낀다
지금은
보고 싶어도
볼 수가 없구나

염 원

추억의 벼랑 끝에 굽어드는 푸른 별
생각의 여울물에 저려 오는 인생길은
피었다
또 피었다 지는
물안개 같은 걸까

푸른 이끼 돋는 밤 전설 속에 가슴 묻고
오롯이 새긴 마음 갈대숲을 헤치면
깊은 맘 깊은 정성은 하늘가로 떠돌고

다소곳이 기도하며 두 손 모은 속죄의 뜻
꽃씨로 영근 아픔 시름시름 앓다가
갈림길
이승과 저승
목 놓아 우는가.

숲에서

산다는 것은 결국 냄새를 피우는 일

향기든 악취든 피울 수 있다는 건

존재에 대한 축복이다

지금에사

아는가?

시내버스 안에서

버스가 쉴 때마다 짐 들고 타는 노인
힘겹게 타고 보니 중심까지 흔들릴 때
앉았던
젊은 사람이
일어나 자리 안내

문화 예술 교육 충절 우리 진주 자랑인데
미소 띤 얼굴마다 작은 친절 기분 좋아
베풀며
살아가야 할
나의 삶터 아름답다

옥玉

부드러운 색감에 은은한 광택으로
스며 있는 고아한 멋 그 속은 단단하다
언제나
외유내강은
내 삶의 지침이라

얼마나 다듬어야 저렇게 빛이 날까
온화한 겉모습은 어머니 생전 자태
유년의 추억 속에서
그립다
사무치게

날씨는 흐려도

한결같이 흘러가는 강물을 바라본다

폭염과 코로나는 그 끝이 언제일까

마음의 푸르름으로

생동감을 되찾자

지 금

사랑하는 사람 곁에
가까이 있어 주며

웃음과 미소로
따뜻한 말 한마디

즐겁고
행복한 삶이
지금 바로 여기에

살아가는 의미

바람에 떨어지는 낙엽을 볼 때마다

길가에 피어 있는 작은 꽃을 볼 때마다

모두가

소중하구나

볼 수 있는 것만으로

낙 엽

지난밤 무서리에 내려앉은 잎새들
빈산 빈들 지나 건너온 그대 소식
당신은
지금 어디서
무슨 생각 하고 있나?

무성했던 지난날 찬란했던 기억 저편
그리움은 눈물 되어 물빛으로 깊어 갈 때
포근한
이불이 되어
가만히 덮어 줄까?

한로寒露

찬 이슬이 내리기 시작하는 가을 절기
산야에 번지는 단풍 꽃보다 아름다운데
제비와 뭇 철새들이
떠나고
돌아오고

오곡백과 무르익고 가을걷이 한창이다
땀 흘린 보람으로 추어탕이 별미인데
국화전
부치는 옆에
국화주가 일품이고

우리 미풍美風 24절기 중 17번째 좋은 날
이슬이 찬 공기 만나 서리로 변하듯이
우리는
무엇을 만나
무엇으로 변할건가?

그릇

크기와 성향까지 같은 듯 다른 사람
제만큼의 주량에 알맞은 자신 담는
저마다
질그릇 되고
도자기도 되어서

금수저 은수저 흙수저로 구분 짓나
플라스틱 일회용도 쓸 곳이 많이 있다
밥상은
삶의 축소판
나는 어떤 그릇일까?

출렁다리

인공의 나무계단 하늘 문을 오르다가
반공중 다리에 서니 떨리면서 시원타
강원도
원주 소금산
신록마저 아찔해

사람이 산다는 건 균형을 유지하는 것
지금까지 오면서 얼마나 지켰을까
세파의
어지러움 속
조심스런 발걸음

징검다리

갈수기 물이 줄어 머리 쏙쏙 내밀었다
강가의 버드나무 그늘로 쓸어 줄 때
바람은
꽃잎 날리며
살짝살짝 밟고 간다

차안에서 피안으로 떠나가던 나룻배
삶도 죽음도 꽃처럼 피고 지던
유년의
고향 생각에
앞산 숲이 더 푸르다

기다리는 것들
—사무엘 베케트의 희곡 〈고도를 기다리며〉

누구도 본 적 없는 그 사람 이름 고도
기다림도 오래되어 습관처럼 된 일상
내일은
또 내일이 되어
반복되는 나날들

끝내 나타나지 않는 그 사람 이름 고도
이미 다녀갔는지 모르고 지나갔는지
불면 속
간절한 희망
애절한 기대 속에

보이지 않는 무언가를 기다리는 이 시간
한 생을 마칠 때까지 소비하는 세월 속에
방랑자
삶의 발길은
어디까지 닿을까

마스크

코로나 오래가니 생각이 많아진다
산책을 나가면서 마스크는 일상이고
가면 속
울고 웃는 일
도무지 알 수 없어

보기 싫은 사람들 보기 싫은 세상사
어찌 보면 회피하고 변명하기 좋은 세월
인간사
언제까지나
방관만 해서 될까

우중충한 겨울 하늘 삭막한 산하는
마음까지 무겁게 내려앉는 날이지만
마스크
모두 벗는 날
밝은 햇살 비치리

거울 앞에서

매일 한 번씩은 그 앞에 서게 된다
볼 때마다 하얗게 늘어나는 흰 머리칼
세월의
풍상이 쌓여
어디로 흘러가나

모나던 이목구비 둥글게 변해 간다
초롱했던 눈망울이 흐릿해진 눈망울로
세상을 똑바로 보던 생각은 어디 있나

옷매무새 고쳐 잡던 손길이 멈춘 자리
주민등록 붙인 사진 새로 찍어 봐야겠다
얼굴은
주름지지만
마음은 밝게 펴야지.

제 3 부

아름답게 피는 꽃

동백꽃
—부산 용두산공원에서

후드득 봄바람에 송이송이 수직 낙하
선홍빛 꽃잎을 이고 통째로 떨어지니
얼굴을
고스란히 달고
명멸하는 이 순간

남도에 부는 바람 아직은 차가운데
초록 속 붉은 심장 활활 타 오르는가
부산은
탑으로 솟아
봄빛으로 피어난다

가좌산 낙엽

울긋불긋 나무 끝에 매달려 있다가
사박사박 발밑에서 속삭이는 이야기들
짧아서
더 소중하다
아름다운 이 가을

익어가는 계절 따라 산들은 술에 취해
얼굴을 붉히면서 나무들을 불러 모아
소슬한 시詩를 짓는가
비췻빛
하늘 아래.

장미축제

전남 곡성 기차마을 장미가 낭자하다
구름같이 모여든 선남선녀 재잘거림
농익은
봄날이 화창
세상은 아름답고

순환열차 지나갈 때 손 흔드는 사람들
모두가 반갑고 정에 겨운 시간들
하늘은
밝게 빛나고
땅에는 형형색색 꽃

붓 꽃

진양호 남강 가를

산책하는 이른 아침

함초롬히 피어 있는

한 떨기 붓꽃 보니

자주색

진한 물감으로

하늘에 일필휘지一筆揮之

밤나무꽃

흐드러지게 피어난
하아얀 꽃송이들

신록 속에 일렁이는
단내 나는 사랑이여

첫날 밤
황홀의 시간
밤새도록 취한다

때죽나무꽃

꽃 지는 산속 길을 걸어갔다 오는 날
신선한 숲의 기운 초록 그늘 사이로
향기는 옛날을 깨워 그리움에 젖게 하고

뻐꾸기 울어 대는 여름날 한나절
공연히 가슴 한켠 가만히 시려 올 때
새하얀 별꽃송이들 땅 위에 쏟아지고

발밑만 살피면서 정신없이 걷다가
잠시 올려다본 신록 속의 하늘가에
눈부신 햇살의 화두 겸손하라 더 깊이.

백일홍

천년의 일월을 석달 열흘로 묶어
한여름 뙤약볕 아래 길섶에 늘어섰다
무더위
매미 울음 속
소나기를 기다리며

청산은 구름 아래 전설이 깊어 가고
연초록 잎 사이로 자맥질하는 계절
마음은
바람 같아라
붉게 타는 그리움

석 류

불같은 영혼으로 살고 싶다 언제나
빨갛게 빠알갛게
안으로 무르익어
어느 날 소리도 없이 터지는 함성이다

내일을 바라보며 흔들린다 오늘도
바람도 맞아가며
울음도 삼켜가며
그렇게 날마다 익어 얼얼한 마음이다

목련나무, 가을

남강 가 산책길에 줄지어 선 목련나무
해마다 이른 봄에 하얗게 꽃 피워서
오가는
사람들에게
순결을 가르치고

꽃샘추위 이기고 동파를 견뎌냈지
고고한 자태를 말없이 지키다가
내년에
새봄이 오면
가슴 활짝 열겠지

초가을 선선한 바람 옷깃을 여밀 때
빠알간 열매 맺어 하늘에 수를 놓고
순백의
가슴속에서
그 정열을 키우는가

클로버 잎

풀숲 군데군데 무더기로 솟아났다
추위에도 푸름은 어찌 간직 했던가
여리디 여린 잎사귀
행복세상
문을 열고

삶의 마디마디 행복이 쌓이는데
욕심은 끝이 없어 행운까지 보태려고
눈앞의 보물을 두고
온 세상
뒤지는가?

하늘 도화지

아파트 건물 사이 파란 종이 도화지

흰 구름 뭉게뭉게 그림을 그려간다

내 마음

꽃구름 되어

아름답게 수놓을까

장미꽃 · 1

빛나는 태양 아래 눈이 시린 초록 위에
한껏 멋 부리며 진홍으로 앉아 있는
저 켠의
저 여인이여
누구를 기다리나

차라리 한 줄기 바람이었더라면
가벼운 차림으로 님 찾아 나섰을 텐데
애타는
목마름으로
입술마저 더 붉다

장미꽃 · 2

연초록 진초록이 산야를 덮어갈 때
안으로 삭여둔 정열을 터뜨리며
사랑의
붉은 심장을
꽃송이로 내놓고

5월의 바람은 이마에 부드럽다
하늘을 나는 새는 구름을 찾아갈 때
강물에
한 손을 뻗어
목 축이는 수양버들

깊어 가는 봄 꿈은 신록 속에 자리 잡아
속삭이는 밀어들을 끝없이 쏟아 낸다
눈 들어 하늘을 보니 뭉게구름 두둥실

구절초

정갈하고 고결한 순백의 꽃송이다
들녘을 물들이며 창공에 수繡놓으며
그윽한
맑은 향기로
마음을 밝혀주고

차茶가 되고 약이 되어 몸까지 치유하는
어머니 사랑이 담뿍. 이름 지어 선모초仙母草
수천 개
작은 정情을 모아
아홉 마디 애끓는 정情

국화를 그리워하며

흙 속에서 흙 밖으로 달려와 맞는 불혹不惑

이제 머리에 흰서리 가끔 내리고 간밤의
추위, 배고픔 외로움 모두 안으로 삭였다가
가슴 풀어 헤친 노오란 웃음 그 처절한
유혹에, 젊음은 아름다운 것 나이테를
동여매는 것

오늘도 일월을 안고 불빛으로 타고 있는가?

그림 속의 해바라기

빌딩의 머리 위를 빙빙 도는 구름

한 줄기 햇살을 찾아 한 알의 씨알이
천길 땅속을 헤쳐 초록의 정글을 지나
척박한 변방의 땅껍질을 꿰뚫는 아픔을 딛고
서서 빛나는 태양의 아들로 불타는 정열의 화신으로
끈질긴 집념의 표상으로……

빌딩의 꼭대기마다 명멸하는 점. 점. 점

은행나무

노랗게 물들인다 푸르른 하늘을
말갛게 닦은 거울 얼굴을 비춰 보면
가을이
등 뒤에 서서
가만히 미소 짓고

바람에 흩날리는 은행잎은 노랑나비
옆에 선 홍단풍은 음표로 수놓는데
오선지
운동장이다
피아노 반주 소리

소슬한 가을바람 새 떼로 날아가고
나목의 가지마다 일월이 멈춘 자리
나이테
시린 순간들
살아있음 이 행복

연 꽃

지금 막 피어올라 함초롬히 꽃문 연
산 아래 구석진 곳 멎은 눈길 못 떠날 때
인연의
질기고 질긴
이 끈을 어이 할까?

물소리 바람 소리 적막을 깨우는데
솔 빛 푸른 저 하늘에 흐르는 흰 구름은
이승에
못다한 사랑
저승으로 나르는가.

깨 꽃

길가 작은 밭에 깨꽃이 피었다
하얗게 하늘 향해 미소를 지어가며
그 향기
은은하여라
깨가 곧 쏟아질 듯

파아란 하늘 이고 구름을 바라본다
천둥 번개 칠 때마다 열매가 여무는데
친구와 걸어가는 길
어깨동무
깨 동무.

찔레꽃 향기

남강 가 군데군데 무더기로 피어나서
진한 향기 실려와 코끝을 간질일 때
유년의
추억은 아직
식을 줄도 모르고

앞산의 아까시아 하얀 종소리 낼 때
고향 땅 어디선가 노랫소리 들린다
찔레 순
어린줄기를
꺾어 먹던 그 시절

친구들과 어울려 산과 들도 뛰놀았지
풋풋한 첫사랑은 아픔으로 남았는데
청초한
그리운 얼굴
지금 어디 있을까

등나무 사계四季
―진주 봉원초등학교 운동장에서

〈프롤로그〉
천년의 역사 속에 빛나는 고도 진주
황새등 높은 곳에 의젓하게 자리 잡아
배우고 익히는 시간 큰 꿈이 자라는 곳

〈봄〉
겨우내 움츠렸던 앙상한 가지마다
연둣빛 새살 돋아 하늘은 만져 본다
아직도 차가운 바람 귓불을 스치는데
새벽의 빛살들이 희망으로 다가올 때
오늘의 새싹들아 앞날의 기둥들아
등나무 심은 큰 뜻을 너희들은 알겠지

〈여름〉
가지마다 파아란 실핏줄 뻗어나서
어느덧 싱그러운 녹음으로 우거진다
보랏빛 향기로 피는 꽃등을 밝혀가며
너와 나 잡은 손이 악수 되고 포옹 되어
하늘로 올라가서 푸른 지붕 엮어 낸다
이제는 한 몸이 되어 봉원 동산 꽃피우며.

〈가을〉
익어가는 계절 따라 꽃 진 자리 열매 맺어
조롱조롱 어깨동무 오순도순 옛이야기
늘어난 가지가지에 영글어 가는 꿈들
아이들 노랫소리 퍼지는 운동장을
언제나 미소 짓고 바라보며 하는 말은
힘차고 튼튼하거라 지혜롭게 자라거라

〈겨울〉
우우우 우우우우 날을 세운 바람 소리
줄지어 선 겨울나무 손 시리고 발 시리다
용틀임 강인한 모습 삼동을 지켜내고
무럭무럭 자라나는 봉원의 친구들아
아무리 춥다 해도 가슴을 활짝 펴라
새봄을 준비하면서 뜨거운 마음으로

〈에필로그〉
해의 기운 달의 기운 바람의 기운까지
땅의 힘 물의 힘 사람들의 힘을 합쳐
온 누리 든든한 지붕 만들어 갈 우듬지.

꽃 길
—봄꽃들의 유혹

하늘과 땅이 하나 된 4월의 오후

형형색색 흐드러지게 핀 봄꽃들의 유혹
그 향기 살짝 코끝을 간질이는가 했더니
어느새 가슴까지
온통 헤집어 들뜬 마음
어디론지 떠나지 않고는 못 배길 충동질
끝내 가슴을 풀어 헤친다
꽃 숲속 꽃길
화려한 자태 벚꽃 천지에 중간중간
개나리 노오랗게 웃고 진달래 수줍게
연분홍 손을 흔드니 바람도 살랑살랑
어디선가 또 꽃망울 터지는 소리
아! 봄날이여.
겨우내 추위에 정이 메말라
앙상했던 나무들의 함성

와! 와! 와!
한꺼번에 터지는가
무수한 꽃잎으로

벚꽃, 그 쉼표

앞산 칠봉산 봄을 맞아 더 푸르다
군데군데 분홍으로 화안하게 웃는데
오늘은
바쁜 일상은
쉬어가라 손짓한다

약수암 범종 소리 사방을 깨우는데
산야는 연두에서 초록으로 번져간다
저 꽃이
다 지고 나면
분주함이 살아날까

눈꽃 단상
―등꽃회 산행山行

깊어 가는 겨울에 언 가슴 녹이려고
찾아간 둔철산은 투박한 가슴을 열고
해맑은 하늘 아래서
기다리고 있었다

이마의 땀을 닦으며 정상에서 바라보니
간밤에 내린 눈이 나뭇잎에 송이송이
천상의 우담바라에 청정해진 우리 모습

우리는 어디서 와서 어디로 가고 있는가
소중한 인연의 끈 전해오는 따스한 마음
상큼한
숲의 향기에
피어나는 이야기꽃

야생화

누군가가 그립고 그리운 날 밖에 나가면
발걸음을 멈추게 하고 마음을 울린다
혹독한 삼동 추위에도
꿋꿋이 자란 모습이

추위와 더위 악천후를 다 견디고
때를 기다렸다가 튼실한 열매 맺어
하루가 소중하단다
꽃처럼 살아가자

갈대 · 1

가을 하늘 찍고 있는
순백의 느낌표들이

말갛게 비질하여
그리움을 꽃 피운다

내 몸은
언제 비질하여
마알갛게 해 볼까?

갈대 · 2

가을은 한 마리 새
갈대는 그 깃털
서늘한 바람결에 하늘하늘 나부끼며
비췻빛 하늘에다가 금빛 은빛 수를 놓고

아름다운 절정을 향해 흔들리는 저 몸짓
흔들리고 있는 것이 어찌 갈대뿐이랴
계절의
마지막 장식
그 화려한 이벤트

청록산수 靑綠山水

봄빛이 무르익는 5월의 강가에서
흘러가는 강물을 무심히 바라볼 때
가슴에 가득 안기는
천하의 청록산수

뭉게구름 피어나는 푸른 하늘 종달새
바람결에 흔들리는 춤추는 청보리
세상은 볼 만하구나
살아갈 만하구나

앞산 철쭉은 붉게 붉게 피어나
연초록 진초록을 아름답게 수놓는데
멀리서
뻐꾹새 울음
갑자기 돋는 설움

담쟁이

엄동설한 아픔에도 희망의 끈을 잡고
두 팔은 벌리면서 새봄에 큰 기지개
뜨거운
여름 담장은
차라리 편안하다

담장 끝 저 세상은 미지의 신세계
끝까지 기어올라 아래를 굽어보니
지나온
땀 흘린 흔적
까마득한 그 세월

수초水草

바람 불면 부는 대로 물결 치면 치는 대로
온몸을 맡겨 온 지 그 언제부터인가
흐름은 진리라 믿고
수천 년을
견뎌왔지

살을 에는 겨울 강에 그래도 살아남아
꽃 피는 봄을 열어 세상을 살려내니
우주는
그대의 품 안
오늘도 흔들린다

제4부

강과 산이 손잡고

강변 풍경

신록이 깊어 가는 천지에 비 내리고
비릿한 물 내음이 코끝을 간질이는데
물오리
강물 위에서
짝을 지어 노닌다

밤하늘에 반짝이던 별들이 내려와서
빗방울 방울방울 강물 위에 떨어진다
수많은
동그라미를
만들며 그리면서

피고 지던 백일홍 그 붉던 정열도
식을 때가 온 것인가 빗물에 씻겨간다
백로는
긴 목을 빼고
무얼 찾나 기웃기웃

아침, 오월의 강가에서

지금 남강 가는 수선화가 한창이다
흐르는 강물에 마알갛게 씻은 얼굴
날마다
새로운 기운
아침을 열고 있다

초록의 정원에서 금계국도 피고 있다
노오란 병아리 떼 옹기종기 모여 앉아
따뜻한 봄날의 햇살 이리저리 쪼아대고

수양버들 꽃가루 바람에 흩날릴 때
비비쫑 산새 소리 물 위를 수놓는데
물고기
퍼덕이는 소리
앞산이 깨어난다

6월의 모습

하늘은 평화롭고 땅은 자유롭다
화창한 기운 따라 신록이 짙어갈 때
찔레꽃
하얗게 핀 강가
바람이 시원하고

물고기 은빛 비늘 윤슬로 반짝인다
크고 작은 물고기 떼 어울려 잘도 놀고
앞산의
능선을 따라
신화처럼 피는 구름

홍수洪水

지리산 골골 물이 모이고 또 모여서
덕천강 진양호 지나 남강으로 굽이치니
장엄한
산의 기운은
평야를 흠뻑 적시고

떠내려온 돌과 흙이 쌓이고 쌓여서
비옥한 땅을 이뤄 유역을 살찌게 해
유구한 역사의 흐름도 천년만년 이어져

강변의 온갖 오물 한꺼번에 쓸어서
세상의 온갖 욕심 미련 없이 버려간다
한여름
타는 가슴도
시원하게 뚫어가며.

폭 포

천지를 삼킬 것인가?
천지를 토해 버릴 것인가?
굉음, 거대한 물보라에
이어지고 이어지는
찬란한 무지개다리
아득한 하늘나라

한여름 숨 막히는 더위
모두 멈춰 서 있는 모습
얼마를 떨어져 봐야
끝을 볼 것인가
이 또한 사랑이라면
이런 사랑 마다하리

용소龍沼
―산청 대원사계곡 산행

7월의 하늘 아래 펼쳐지는 푸른 숲길
계곡을 따라 걷는 발걸음도 가볍다
발아래
흐르는 옥수
마음까지 적시고

푸른 하늘 푸른 물 푸른 숲의 삼중주三重奏
그 맑은 노랫소리 가슴을 울리는데
청룡은
승천을 위해
용틀임을 하는가

지리산 깊은 계곡 가슴을 열어놓고
먼바다 남해로 여행을 시작한다
들판을
휘돌아 흘러
꿈은 점점 커지고

탁류濁流

웃비가 많이 내려 강물이 누우렇다
온갖 잡동사니 모두 모아 청소하니
마음속
쌓인 번뇌가
한꺼번에 사라지고

흙탕물이 맑아질 때 세상도 맑아질까
흐르는 황톳물이 강바닥을 쓸어 갈 때
세상사
시비 곡절은
어떻게 할 것인가

가을의 아침

미명의 강변 산책 가을 냄새 물씬 난다
신열 앓던 강물이 물안개로 피어나고
대숲에 일렁이는 바람 지저귀는 새소리

청량한 마음으로 하늘을 바라보니
밝아오는 동녘은 희망으로 빛나고
칠봉산 긴긴 그림자 물 위에 얼비친다

수초는 군데군데 마당을 만들었다
물고기 물오리 떼 신나는 놀이마당
시간의 흐름을 따라 반짝이는 윤슬, 윤슬

늦가을 판문천

동류東流하는 냇물은 큰 강을 찾아간다
크고 작은 돌들은 두드리며 울리며
마을을
고루 적시고
기름진 땅 만들고

언덕에 개망초꽃 철 늦게 하아얗다
삐삐 순 갈대 순이 키 자랑 서로 하나
강인한 쑥들의 푸름 우리는 왜 사는가

소슬한 바람결에
낙엽은 떨어지고
가랑잎 굴러가는
지구의 저편에는
새로운 바람이 불어 생명을 잉태한다

남강南江에서

강물은 흐르지만 오늘도 말이 없다
그 옛날 슬픈 이야기 다 할 수 없으니
대나무
청청한 혼백
석양의 하늘이여

이제 소리치며 동류東流하는 푸른 강
촉석루 앞 의암義巖을 감싸며 어루만지며
유구한
역사를 여는
새날의 아침이여.

진양호 습지공원

남강은 쉬지 않고 바다로 흘러가나
큰비 온 뒤 물이 불어 물살이 거세었지
칠봉산 앞산 그늘에 이 여름이 시원하고

지그재그 징검다리 다듬은 돌 34개
큰 돌 징검다리 넓적하다 60개
높은 돌 징검다리가 조심조심 24개

송사리 피라미 떼 물속을 헤엄칠 때
오리 떼 원앙새 쌍쌍이 노니는데
뻐꾸기 뻑뻐꾹 뻑꾹 신록을 노래하고

잔디와 강아지풀 억수로 나 있는데
개망초 달맞이꽃 지천으로 피었구나
범람한 산책길 위에 물이 그린 그림들

흐르면서 그린 그림 이 세상의 상형문자
사람들의 신발 자국 인장처럼 찍혔는데
물처럼 흐르는 인생 강물에서 배운다.

진양호

경호강과 덕천강이 어깨동무하고 와서
정답게 춤을 춘다 진양호 물결 되어
두 강이
하나가 되어
남강으로 흐르고

서쪽에서 뛰어와 동쪽으로 내달린다
한번 돌아보니 장엄하다 지리산
가슴에 큰 뜻 품고서 희망찬 바다로

경호 덕천 두 강을 가슴에 가득 품고
너우니 그 소용돌이 아득하던 옛날이
범람을 가로지르던
뱃길이 눈에 삼삼

지리산 기운 받아 출렁이는 호수는
신록이 온 세상을 아름답게 수놓을 때
시간과 공간을 쌓는 추억의 저장소

산행山行 · 1

초록 물 뚝뚝 듣는 5월의 봄산에 올라

유년의 산기슭에 피어 있는 꽃을 본다

세월의

골짜기마다

분 내음 가득한데

산행山行 · 2

찌푸린 하늘 아래 깊어 가는 겨울빛
아슬아슬 숨이 턱턱 찾아간 대둔산은
따스한
가슴을 열고
기다리고 있었다

앞앞이 말 못하고 큰 바위로 굳은 산
바람으로 인사하며 흩날리는 눈꽃 보며
천상의
우담바라에
청정해진 우리 모습

혼돈
— 카오스

남강 상류 강변에 터를 잡은 사람들
매일매일 쏟아내는 살아가는 이야기들
태풍에 쏠려 다니다가 진양호에 모인다
흙탕물과 황톳물에 하늘에서 부은 물까지
세 개가 하나 되어 거대한 저수지에
땟물이 땟물을 씻는 반복되는 삶은 그만

하류를 적셔가며 질풍처럼 내달린다
온갖 것 다 쓸어서 먼바다로 보낼 건가
무심한 백로 떼들은 쓰레기 산을 뒤적이고
통나무에 나뭇가지 가축까지 떠 내려와
강가의 구경꾼들 모두 놀라 떠드는데
사람이 자맥질하며 살려달라 외치고

집 잃고 가족 잃고 희망까지 잃은 세상
내가 살면 뭐하냐고 땅을 치며 통곡이라
무심한 하늘은 맑다 언제 비가 왔냐는 듯
개똥밭에 뒹굴어도 이승이 낫다는데
살면서 살아가며 희망을 껴안고서
청산을 바라보면서 내일을 열어가자.

황매산을 오르며

만산홍엽 가을 속을 찾아간 남도 명산
청명한 하늘 아래 펼쳐진 억새의 바다
어느덧
우리 모습도
은빛으로 익어가고

지나간 철쭉의 시간 바람에 숨죽이고
색색의 잎새마다 사연을 적고 있는데
저 멀리
서쪽 하늘에
낮달이 반달이다

몸이 멀면 사랑도 멀어진다는데
소슬한 가을바람 그리운 편지인가
밤마다
사랑하느라
신열 앓은 산봉우리

봉명산鳳鳴山

온 산이 녹음으로 물들어 가는 계절
봉명산 청산을 허위허위 올라갈 때
다솔사 범종 소리는
온갖 시름
잠재우고

오르막이 있으면 내리막이 있듯이
인생사 부귀공명 논할 것도 없어라
앞에서
끌어주면서
배려하는 산행길

시원한 소나무 숲 더욱 푸른 오솔길
땀 흠뻑 흘리면서 앞서거니 뒤서거니
오가는
이야기 속에
가슴속에 도타운 정

회식會食

우리는 무슨 일로 천리 밖 섬에 왔나
한차로 같은 배로 오순도순 이야기로
폭풍우 이겨내면서 둘러앉은 생선 횟집

다도해 그 많은 섬 그중에 거문도라
평소에 오기 힘든 곳 모처럼 짬을 내어
신록에 멱을 감으며 파도 타고 모였지

건배 또 건배 좋은 술 마시면서
싱싱한 해산물은 미각을 살리는데
우리는 한 가족이다 서로서로 권하는 잔

폭탄주 연습하며 파안대소 즐거운 때
안주를 싸주면서 이야기도 끝이 없다
심해의 어둠 속으로 깊어 가는 거문도

마음의 저울

인생은
그냥 흘러가는 것이 아니고

채우고
 비우는 과정의 연속이라

무겁다
느낄 때 되면
필요해요 절제가

안 개

지난여름 폭풍 소리
나무 끝에 걸려 있고
나무들 옷을 벗어 바람결에 말리는데
무상한 세월은 흘러
꿈속에도 꾸는 꿈

산과 강 하나인데
하늘마저 어우러져
젖빛 물감 속에 전설의 탑을 쌓다가
흐르는 강물 소리에
소스라쳐 깨는 꿈

인 연

보내온 카톡 보고 답신을 하면서
안부를 주고받는 일상이 고맙고
깊어진 인연을 따라
또 하루가
시작된다

어제는 지난 역사 내일은 알 수 없고
오늘은 나에게 주어진 선물인데
행복을 수繡놓아 간다
사랑과
우정으로

좋은 일은 반짝이는 햇살처럼 스며들고
나쁜 일은 바람처럼 빠르게 날아가라
괴롭지 않은 나날은
행복한
시간이라

칠봉산 앞에서

오늘도 산책길은 같은 듯 다른 풍경
푸른 강 물고기들 펄떡이며 뛰놀고
하늘은 구름의 집안 뭉게구름 흰 구름

겨울의 찬 물결을 박차고 비상하는
추위를 잊게 하는 철새들의 저 몸짓
윤슬이 눈부시구나 남강은 흘러간다

창공을 휘휘 나는 새들의 군무는
차가운 하늘을 이리저리 수놓는데
바람은 풍금을 치며 새봄을 기다리고

소나무 푸른 기운 하늘을 오르는데
능선 위 구름들은 신화를 토해 낸다
언제나 저 산 저 모습 의연하다 혹한에도

향적봉

눈꽃 속에 피어나는 설산의 겨울 향기
파아란 하늘 아래 구상나무 주목 군락
겹겹이
정을 쌓으며
새봄을 준비한다

사람이 산다면 천년만년 살 것인가
이 순간 이 기쁨 가슴에 차오를 때
산과 들
흰 눈을 쓰고
햇살 아래 빛난다

노고단 老姑壇

지리산 높은 봉을
오랜만에 찾아갔다

안개 낀 산야에 묻혀
세상사 아득한데

세월의
이끼를 털고
바라보자 새날을

보리암 菩提庵

찬 바람에 갓 피어난 매화가 마중 나온
겨울의 막바지에 찾아간 남해 금산
바다를
흔들어 깨우는
부처님 손을 본다

일망무제 먼 수평선 해무가 그리는 그림
찰싹이는 해조음에 비릿한 갯내음 속
청정한
마음을 찾아
끊임없이 그린다.

파 도
―남해 송정해수욕장에서

남해의 푸른 기운 솔숲으로 스며들고
갈매기 날갯짓에 바람이 일어난다
물결은
천군만마로
달려오고 달려가고

눈부신 백사장에 아이들 웃음소리
파도가 칠 때마다 겹겹으로 오는 바다
시원한
가슴속으로
수평선이 녹아들고

우리는 어찌하여 이곳에 모였는가?
부모 자식 손주들이 서로를 챙겨 준다
뜨거운
여름의 한때
바다는 출렁이고

오동도

한반도 남녘 해안 뾰족하게 튀어나온
아름다운 항구 도시 여수라 오동도에서
바다의
풍경과 정취
한눈에 보는 시간

2012 세계엑스포 준비로 분주한데
500원짜리 동백열차 털털거리며 타고 간다
동백꽃
신우대 보며
모터보트 상쾌해

여 행

또 다른 세상의 한쪽을 보는 것
고정된 삶의 무늬를 바꾸는 것
한 생애
가장 눈부신 순간
그것을 찾아서

산다는 것은 계속 꿈을 꾸는 것
살아가면서 서로 안부를 묻는 것
자유를
갈망하면서
훌 훌 훌 떠나자.

여름 야화夜話

저녁연기 오르는 산골의 작은 마을
장마로 불어난 계곡 소리치며 흐를 때
어둠이 빠른 마을에 성근 별이 떠오르고

마당에 매캐한 모깃불 옆 둘러앉아
수려한 풍광 속 아픈 삶의 흔적들을
지우며 다시 지우며 전설의 탑을 쌓는다

한恨을 바꾸어 노래로 불렀던 얼굴들
이름 없던 그 얼굴들 별이 되어 떠 있다
서늘한 한 줄기 바람 온몸을 휘어감네

강 건너 산가에 불빛이 반짝일 때
멍석에 드러누워 하늘을 쳐다보면
어느새 와르르 와르르 쏟아지는 별 무리

초록산 초록나무 초록바람 초록강물
아픈 사랑 아픈 이별 겹겹으로 다가올 때
어느덧 나무가 되고 물이 되고 바람이 된다.

아름다운 세상

돌멩이가 들쭉날쭉 중간중간 있기에
시냇물 소리가 아름답게 들립니다
흐르며
부딪치면서
화음을 만듭니다

산속에는 다른 꽃과 새들이 있기에
눈앞에 우거진 숲이 보기에 좋습니다
우리가
사는 세상도
빛깔이 다양합니다.

후기

    초등학교 6학년 때 진양군(진주시) 종합학예대회 한글 백일장 시 부문에 모교(원당) 대표로 참가, 시제 〈벼〉를 보는 순간 고향의 논에 펼쳐진 벼를 눈앞에 떠올리며, 내가 벼라고 생각하고 써낸 글이 심사위원들의 눈에 들었던지 장원으로 뽑혀 모교 사상 처음으로 대외상, 그것도 글짓기 부문 장원으로 뽑혔으니 나의 즐거움도 컸지만 학교의 경사였다. 담임 선생님과 여러 선생님의 축하와 격려, 특히 교장선생님의 격려 말씀에 나름대로 자부심을 느꼈다.

    고향 마을 새마을문고를 닥치는 대로 읽었고 신문이나 만화, 잡지도 그야말로 보는 대로 읽었다. 특히 일기를 4학년 때부터 하루도 빠지지 않고 썼으며 이는 교육대학 졸업 때까지 계속되었다. 교단에 들어와서도 가끔 썼지만 지금 생각해 보면 계속하지 못한 것이 아쉽다. 중학교, 고교, 대학 생활에서도 자연히 문학에 대한 꿈을 버리지 않았으며 시, 시조, 동시를 각각 응모하여 추천 완료. 당선의 기쁨을 맛보았다. 학교생활에서 복잡다단한 업무 중에 다소 소홀한 점이 있었지만 본 마음은 유지하였다.

    이번 출간을 계기로 시조문학에 대한 열의를 확인하여 더욱 기뻤다.

2025. 3.

약 력

정현대 시조시인

- 아호: 원당元堂
- 경남 진주 출생
- 원당초(12회), 진서중(13회), 진주고(39회), 진주교육대학(7회) 졸업
- 1981년 새교실 詩, 1992년 현대시조 時調, 1993년 아동 문예 童詩 추천 및 당선
- 현재: 한국문인협회, 경남문인협회, 진주문인협회 고문, 한국시조시인협회, 경남시조시인협회, 진주시조시인협회 고문, 경남아동문학인협회 이사
- 지냄: 진주문인협회장, 경남문인협회 부회장, 진주시조 부회장, 한국예총진주지회 감사 및 부지회장, 시예술동인회장, 경남아동문학인협회 사무국장, 개천예술제 제전, 심사위원, 현대시조 편집위원, 진주시상봉동지 편찬위원, 진주교육 편집위원장, 진서중학교총동창회장, 교육부제7차교육과정 집필 및 심의의원, 진주정씨부사공파종중회장, 진주반성초등학교장
- 수상·표창: 대한아동문학상, 경남아동문학상, 현대시조문학상, 경남문협우수작품상, 현대시조좋은작품상, 제1회공무원문예 시부문 행정안전부장관상
- 저서: 동시집《햇살처럼》(1993년, 아동문예),《달빛처럼》(2011년, 아동문예),《별빛처럼》(2024년, 아동문예), 시조집《山河여 나의 山河여》(1995년, 춘강),《새벽의 빛깔》(1997년, 삼홍),《낯설음 속의 낯익음》(2006년, 한글문화사),《둘이서 한마음》(2인 시조집, 2018년, 한글문화사)
- 교가 작사: 진주 신진·진주 금호·진주 서진초등학교

경남시인선 239

삶, 그 쉼표
정현대 제4시조집

펴낸날	2025년 3월 25일
지은이	정현대
펴낸이	오하룡
펴낸곳	도서출판 경남
주소	창원시 마산합포구 몽고정길 2-1
연락처	(055)245-8818, fax.(055)223-4343
블로그	gnbook.tistory.com
이메일	gnbook@empas.com
등록	제1985-100001호(1985. 5. 6.)
편집팀	오태민 ǀ 심경애 ǀ 구도희
ISBN	979-11-6746-176-6-03810

ⓒ정현대

*잘못된 책은 바꿔 드립니다.
*저자와 협의 인지 생략합니다.

〔값 12,000원〕